Collection

Nobuya Sugawa

"Saxy Ever"

須川展也サクソフォン＝コレクション

I0644030

Jun Nagao

Paganini Lost

for two alto saxophones and piano

長生　淳

パガニーニ・ロスト

2本のアルト・サクソフォンとピアノのための

ZEN-ON MUSIC

“Paganini Lost, *for two alto saxophones and piano*” was composed on commission of Nobuya Sugawa, and was first recorded by Nobuya Sugawa (Alto Saxophone), Kenneth Tse (Alto Saxophone) and Kazuo Murakami (Piano) in 2008. Duration : approximately 9 minutes
CD : “Stellar Saxes, Kenneth Tse & Nobuya Sugawa” (Crystal Records/CD359)

《パガニーニ・ロスト 2本のアルト・サクソフォンとピアノのための》は、須川展也の委嘱により作曲され、2008年に須川展也(アルト・サクソフォン)、ケネス・チェ(アルト・サクソフォン)、村上和夫(ピアノ)により録音初演された。演奏所要時間：約9分。
CD：「ステラ・サックス　ケネス・チェ＆須川展也」(Crystal Records／CD359)

Paganini Lost

for two alto saxophones and piano

Jun NAGAO

7
6
p
p
9
5
11
6
3
3

13
2
p
mp
mf
15
mf
poco cresc.
17
3
f
cresc.

19
mf
f
4
21
mf
mp
23
p

25
5
mf
6
mf
5
mf
27
3
3
3
6
29
f
3
6
f
6
3
6
3
6
f

31
ff
ff
ff
33
6
f
f
6
f
36

39
7
7
mp
42
mp
mp
45

48
8
6
mf
p
8
p
51
p
poco a poco cresc.
poco a poco cresc.
poco a poco cresc.
54
6

57
60
63
9
f
f
9

66
69
72
10
f
10

75
ff
78
81
11
f
11
f

84
87
12
ff
12
ff
90
ff

93
f
f
96
mf
99
mp

Collection
Nobuya Sugawa
"Saxy Ever"
須川展也サクソフォン＝コレクション

Jun Nagao

Paganini Lost

for two alto saxophones and piano

長生　淳

パガニーニ・ロスト

2本のアルト・サクソフォンとピアノのための

Alto Saxophone in E♭ I

ZEN-ON MUSIC

Alto Saxophone in E♭ I

Paganini Lost

for two alto saxophones and piano

Jun NAGAO

20
f
4
mf
mp
22
p
25
5
mf
27
29
f
31
ff
33
6
f
36
39
7

43
mp
47
8
51
p
poco a poco cresc.
54
57
60
63
9
f
66
69

Collection

Nobuya Sugawa

"Saxy Ever"

須川展也サクソフォン＝コレクション

Jun Nagao

Paganini Lost

for two alto saxophones and piano

長生　淳

パガニーニ・ロスト

2本のアルト･サクソフォンとピアノのための

Alto Saxophone in E♭ II

ZEN-ON MUSIC

Alto Saxophone in E♭ II

Paganini Lost

for two alto saxophones and piano

Jun NAGAO

20
4
mf
22
mp
p
24
5
mf
26
29
f
31
ff
33
6
f
36
39
7

42
mp
46
8
mf
50
p
poco a poco cresc.
54
58
3
61
64
9
f
67
70
73
10
7
11
f
82

12
13
rit.
14 Meno mosso

127
p
mp
131
135
mf
139
p
15
f
143
mf
poco rit.
16 a tempo
147
mp
mf
poco a poco accel.
152
mp
cresc.
156
17 Tempo I
160
mf

163
f
167
18
ff
170
173
176
179
19
182
ff
186
189
20
192

195
198
mf
201
fp
204
21
ff
207
5
5
con fuoco
210
213
3
3
216
219

72
10
f
75
78
81
11
7
12
ff
90
93
f
96
mf
99
mp
102
13
p
2

rit.
14 Meno mosso
15
poco rit.
16
a tempo
poco a poco accel.

154
cresc.
159
17 Tempo I
mf
163
6
f
166
18
ff
170
174
178
183
19
ff
187
190
20

193
196
199
mf
fp
202
21
ff
205
208
5
5
con fuoco
211
214
3
3
217

102
13
p
p
13
p
105
p
3
109
6
cresc.
3
mf
mf
6

112
mf
115
mp
mp
dim.
118
rit.
p
rit.
14 Meno mosso
14 Meno mosso

121
p
125
3
p
3
128
mp
mp
mp
p

132
mp
mf
135
mf
mf
mf
138
p
p
p

141
15
f
f
15
6
6
6
f
144
mf
mf
6
6
6
6
mf
3
147
poco rit.
16 a tempo
mp
mf
mp
3
mf
poco rit.
16 a tempo
6
6
mp
mf
3

150
153
poco a poco accel.
mp
cresc.
poco a poco accel.
mp
cresc.
156

159
17 Tempo I
mf
17 Tempo I
mf
162
165
f

168
18
ff
ff
18
ff
170
172

174
176
178

180
3
183
19
ff
186

189
192
20
20
194

196
198
200
mf
mf
mf
fp
fp
mf

203
21
ff
ff
21
ff
206
5
5
5
5
209
con fuoco
con fuoco
con fuoco

212
3
3
3
3
215
218

須川展也サクソフォン=コレクション　Collection Nobuya Sugawa "Saxy Ever"

オリジナル編（SEO） Originals

番号 *No.*	作曲者 *Composer*	作品 *Title*	編成 *Instrumentation*
SEO-001	西村　朗 *Akira Nishimura*	ラメント *Lamento*	a.sax/pft
SEO-002	佐藤 聰明 *Sômei Satoh*	ランサローテ *Lanzarote*	s.sax or cl/pft
SEO-003	長生　淳 *Jun Nagao*	天国の月 *La lune en paradis*	a.sax/pft
SEO-004	Cl. ドビュッシー *Cl.Debussy*	ラプソディ *Rapsodie*	a.sax/pft
SEO-005	本多 俊之・尚美 *Toshiyuki and Naomi Honda*	ジャズ・エチュード *Jazz etude*	s&a.sax/pft
SEO-006	鍋島 佳緒里 *Kaori Nabeshima*	エキゾティック・ダンス *Exotic dance*	a.sax/pft
SEO-007	小六 禮次郎 *Reijiro Koroku*	SAKURA *SAKURA*	s&a.sax/pft
SEO-008	長生　淳 *Jun Nagao*	サクソフォン四重奏曲 *Quatuor de Saxophones*	s.a.t.b.sax
SEO-009	金子 仁美 *Hitomi Kaneko*	気泡 *La bulle*	a.sax/pft
SEO-010	加羽沢 美濃 *Mino Kabasawa*	黒い森／S・N・S *Schwarzwald/S・N・S*	a.sax/pft
SEO-011	久留 智之 *Tomoyuki Hisatome*	メリー・バクテリア・ミュージック *Merry Bacteria Music*	a.sax/fl.&picc.
SEO-012	R.ヴィードフ *R. Wiedoeft*	コンサート曲集 *Concert Pieces*	a.sax/pft
SEO-013	長生　淳 *Jun Nagao*	彗星 トルヴェールの〈惑星〉より *Comets* from "The Planets" by Trouvère	s.a.t.b.sax
SEO-014	池辺 晋一郎（詩：池澤夏樹） *Shin-ichiro Ikebe* (Poem: Natsuki Ikezawa)	軌道エレベーター *The Orbit Elevator*	s.&a.sax/voice
SEO-015	長生　淳 *Jun Nagao*	天頂の恋 *Lovers on the Celestial Sphere*	s.t.sax/pft
SEO-016	長生　淳 *Jun Nagao*	Shall We Sax? *Shall We Sax?*	s.a.t.b.sax
SEO-017	北爪 道夫 *Michio Kitazume*	チェーン *Chain*	s.sax
SEO-018	長生　淳 *Jun Nagao*	パガニーニ・ロスト *Paganini Lost*	a.a.sax/pft
SEO-019	加藤 昌則 *Masanori Katoh*	オリエンタル *Oriental*	s.a.sax/pft
SEO-020	西村　朗 *Akira Nishimura*	水の影 *Water Shadows*	a.sax
SEO-021	新実 徳英 *Tokuhide Niimi*	サクソフォン・スパイラル *Saxophone Spiral*	a.a.sax
SEO-022	池辺 晋一郎 *Shin-ichiro Ikebe*	バイヴァランスVIII *Bivalence VIII*	s.&a.sax/t.&b.sax
SEO-023	加藤 昌則 *Masanori Katoh*	スロヴァキアン・ラプソディ *Slovakian Rhapsody*	a.sax/pft
SEO-024	長生　淳 *Jun Nagao*	ラフォリスム *L'aphorisme*	s.sax/pft
SEO-025	石川 亮太 *Ryota Ishikawa*	日本民謡による狂詩曲 *Rhapsody on Japanese Folk Songs*	a.sax/pft
SEO-026	新実 徳英 *Tokuhide Niimi*	ラ・ヴァルスF *La Valse F*	a.sax/pft
SEO-027	加藤 昌則 *Masanori Katoh*	ソナタ・ルシーダ *Sonata Lùcida*	a.sax/pft
SEO-028	チック・コリア *ChickCorea*	Florida to Tokyo *Florida to Tokyo*	a.sax/pft
SEO-029	西村　朗 *Akira Nishimura*	ハラーハラ *Halahara*	a.sax
SEO-030	藪田翔一 *Shoichi Yabuta*	Delos *Delos*	a.sax/pft
SEO-031	長生　淳 *Jun Nagao*	トリリトン *Trilithon*	a.b.sax/pft
SEO-032	鍋島 佳緒里 *Kaori Nabeshima*	スプラッシュ・ダンス *Splash Dance*	s.a.t.b.sax

アレンジ編（SEA） Arrangements

SEA-001	C. ガルデル／啼鵬 *C.Gardel / Têhô*	想いの届く日 *El dia que me quieras*	a.sax/pft
SEA-002	M. ポンセ／朝川 朋之 *M.Ponce / T.Asakawa*	エストレリータ *Estrellita*	a.sax/pft
SEA-003	A. ピアソラ／啼鵬 *A.Piazzolla / Têhô*	アディオス・ノニーノ *Adios nonino*	a.sax/pft
SEA-004	A. ララ／森田 一浩 *A.Lara / K. Morita*	グラナダ *Granada*	a.sax/pft
SEA-005	R. シューマン／須川 展也 *R.Schumann / N. Sugawa*	アダージョとアレグロ *Adagio and Allegro*	s.or t.sax/pft
SEA-006	M.ラヴェル／須川 展也 *M.Ravel / N. Sugawa*	亡き王女のためのパヴァーヌ *Pavane pour une infante défunte*	s.(t.) or a.(b.)sax/pft
SEA-007	G.ガーシュウィン／長生 淳 *G.Gershwin / J. Nagao*	ラプソディー・イン・ブルー *Rhapsody in Blue*	s.a.t.sax/pft
SEA-008	M. ムソルグスキー／長生 淳 *M.Mussorgsky / J. Nagao*	展覧会の絵 *Pictures at an Exhibition*	s.a.t.b.sax/pft
SEA-009	G.プッチーニ／須川 展也 *G.Puccini / N. Sugawa*	誰も寝てはならぬ オペラ〈トゥーランドット〉より *Nessun dorma!* from opera "Turandot"	s.(t.) or a.(b.)sax/pft
SEA-010	V.ベッリーニ／須川 展也 *V.Bellini / N. Sugawa*	清らかな女神よ オペラ〈ノルマ〉より *Casta Diva* from opera "Norma"	s.(t.) or a.(b.)sax/pft
SEA-011	S.ラフマニノフ／須川 展也 *S.Rachmaninoff / N. Sugawa*	ヴォカリーズ *Vocalise*	s.(t.) or a.(b.)sax/pft
SEA-012	C.サン=サーンス／須川 展也 *C.Saint-Saëns / N. Sugawa*	白鳥 *Le Cygne*	s.(t.) or a.(b.)sax/pft
SEA-013	C.グノー／須川 展也 *C.Gounod / N. Sugawa*	アヴェ・マリア *Ave Maria*	s.(t.) or a.(b.)sax/pft
SEA-014	G.ガーシュウィン／伊藤 康英 *G.Gershwin / Y. Ito*	サマータイム *Summertime*	s.(t.) or a.(b.)sax/pft
SEA-015	G.ガーシュウィン／伊藤 康英 *G.Gershwin / Y. Ito*	バイ・シュトラウス *By Strauss*	s.(t.) or a.(b.)sax/pft
SEA-016	G.カッチーニ／朝川 朋之 *G.Caccini / T. Asakawa*	アヴェ・マリア *Ave Maria*	a.sax/pft
SEA-017	J. S. バッハ／須川 展也 *J. S. Bach / N. Sugawa*	無伴奏ヴァイオリン・パルティータ全曲 *Partitas for Violin Solo*	s.&a.sax

2512072

長生　淳：パガニーニ・ロスト　●

作曲――長生　淳
監修――須川展也
第1版第1刷発行――2011年 6月15日
第1版第13刷発行――2025年12月25日
発行――株式会社全音楽譜出版社
――東京都新宿区上落合2丁目13番3号 〒161-0034
――TEL・営業部 03・3227-6270
出版部 03・3227-6280
――URL www.zen-on.co.jp
――ISBN978-4-11-560018-8